Nombre: _____

Email: _____

CONFIGURACIÓN DE RED

ROUTER (Modelo): _____ CASA ☐ TRABAJO ☐

SSID - Nombre de red WIFI: _____

Contraseña: _____

MAC: _____

Dirección URL/IP Router: _____

Usuario: _____

Contraseña: _____

NOTAS

_____

_____

_____

ROUTER (Modelo): _____ CASA ☐ TRABAJO ☐

SSID - Nombre de red WIFI: _____

Contraseña: _____

MAC: _____

Dirección URL/IP Router: _____

Usuario: _____

Contraseña: _____

NOTAS

_____

_____

ROUTER (Modelo): _____ CASA ☐ TRABAJO ☐

SSID - Nombre de red WIFI: _____

Contraseña: _____

MAC: _____

Dirección URL/IP Router: _____

Usuario: _____

Contraseña: _____

NOTAS

_____

_____

_____

ROUTER (Modelo): _____ CASA ☐ TRABAJO ☐

SSID - Nombre de red WIFI: _____

Contraseña: _____

MAC: _____

Dirección URL/IP Router: _____

Usuario: _____

Contraseña: _____

NOTAS

_____

_____

_____

ROUTER (Modelo): _____ CASA ☐ TRABAJO ☐

SSID - Nombre de red WIFI: _____

Contraseña: _____

MAC: _____

Dirección URL/IP Router: _____

Usuario: _____

Contraseña: _____

NOTAS

_____

_____

_____

ROUTER (Modelo): _____ CASA ☐ TRABAJO ☐

SSID - Nombre de red WIFI: _____

Contraseña: _____

MAC: _____

Dirección URL/IP Router: _____

Usuario: _____

Contraseña: _____

NOTAS

_____

_____

ROUTER (Modelo): _____ CASA ☐ TRABAJO ☐

SSID - Nombre de red WIFI: _____

Contraseña: _____

MAC: _____

Dirección URL/IP Router: _____

Usuario: _____

Contraseña: _____

NOTAS

_____

_____

_____

ROUTER (Modelo): _____ CASA ☐ TRABAJO ☐

SSID - Nombre de red WIFI: _____

Contraseña: _____

MAC: _____

Dirección URL/IP Router: _____

Usuario: _____

Contraseña: _____

NOTAS

_____

_____

LISTA DE EMAILS

Email: _____ Personal ☐ Trabajo ☐

Login/Username: _____

Password: _____

Verificación en dos pasos (2FA): NO ☐ SÍ ☐ **Clave Secreta:** _____

NOTAS

_____

_____

_____

_____

Email: _____ Personal ☐ Trabajo ☐

Login/Username: _____

Password: _____

Verificación en dos pasos (2FA): NO ☐ SÍ ☐ **Clave Secreta:** _____

NOTAS

_____

_____

_____

_____

Email: _____ Personal ☐ Trabajo ☐

Login/Username: _____

Password: _____

Verificación en dos pasos (2FA): NO ☐ SÍ ☐ **Clave Secreta:** _____

NOTAS

_____

_____

_____

Email: _____ Personal ☐ Trabajo ☐

Login/Username: _____

Password: _____

Verificación en dos pasos (2FA): NO ☐ SÍ ☐ **Clave Secreta:** _____

NOTAS

_____

_____

_____

_____

Email: _____ Personal ☐ Trabajo ☐

Login/Username: _____

Password: _____

Verificación en dos pasos (2FA): NO ☐ SÍ ☐ **Clave Secreta:** _____

NOTAS

_____

_____

_____

_____

Email: _____ Personal ☐ Trabajo ☐

Login/Username: _____

Password: _____

Verificación en dos pasos (2FA): NO ☐ SÍ ☐ **Clave Secreta:** _____

NOTAS

_____

_____

_____

_____

Email: _____ Personal ☐ Trabajo ☐

Login/Username: _____

Password: _____

Verificación en dos pasos (2FA): NO ☐ sí ☐ **Clave Secreta:** _____

NOTAS

_____

_____

_____

_____

Email: _____ Personal ☐ Trabajo ☐

Login/Username: _____

Password: _____

Verificación en dos pasos (2FA): NO ☐ sí ☐ **Clave Secreta:** _____

NOTAS

_____

_____

_____

_____

Email: _____ Personal ☐ Trabajo ☐

Login/Username: _____

Password: _____

Verificación en dos pasos (2FA): NO ☐ sí ☐ **Clave Secreta:** _____

NOTAS

_____

_____

_____

Email: _____ Personal ☐ Trabajo ☐

Login/Username: _____

Password: _____

Verificación en dos pasos (2FA): No ☐ sí ☐ **Clave Secreta:** _____

NOTAS

_____

_____

_____

_____

Email: _____ Personal ☐ Trabajo ☐

Login/Username: _____

Password: _____

Verificación en dos pasos (2FA): No ☐ sí ☐ **Clave Secreta:** _____

NOTAS

_____

_____

_____

_____

Email: _____ Personal ☐ Trabajo ☐

Login/Username: _____

Password: _____

Verificación en dos pasos (2FA): No ☐ sí ☐ **Clave Secreta:** _____

NOTAS

_____

_____

_____

Email: _____ Personal ☐ Trabajo ☐

Login/Username: _____

Password: _____

Verificación en dos pasos (2FA): NO ☐ SÍ ☐ **Clave Secreta:** _____

 NOTAS
_____
_____
_____
_____
_____

Email: _____ Personal ☐ Trabajo ☐

Login/Username: _____

Password: _____

Verificación en dos pasos (2FA): NO ☐ SÍ ☐ **Clave Secreta:** _____

 NOTAS
_____
_____
_____
_____
_____

Email: _____ Personal ☐ Trabajo ☐

Login/Username: _____

Password: _____

Verificación en dos pasos (2FA): NO ☐ SÍ ☐ **Clave Secreta:** _____

 NOTAS
_____
_____
_____

Email: _____ Personal ☐ Trabajo ☐

Login/Username: _____

Password: _____

Verificación en dos pasos (2FA): NO ☐ SÍ ☐ **Clave Secreta:** _____

   NOTAS
_____
_____
_____
_____
_____

Email: _____ Personal ☐ Trabajo ☐

Login/Username: _____

Password: _____

Verificación en dos pasos (2FA): NO ☐ SÍ ☐ **Clave Secreta:** _____

   NOTAS
_____
_____
_____
_____
_____

Email: _____ Personal ☐ Trabajo ☐

Login/Username: _____

Password: _____

Verificación en dos pasos (2FA): NO ☐ SÍ ☐ **Clave Secreta:** _____

   NOTAS
_____
_____
_____

CONTRASEÑAS
A-L

Nombre:

Dirección Web:

Usuario:

Contraseña:

Verificación en dos pasos (2FA): NO ☐ sí ☐ **Clave Secreta:**

NOTAS

Nombre:

Dirección Web:

Usuario:

Contraseña:

Verificación en dos pasos (2FA): NO ☐ sí ☐ **Clave Secreta:**

NOTAS

Nombre:

Dirección Web:

Usuario:

Contraseña:

Verificación en dos pasos (2FA): NO ☐ sí ☐ **Clave Secreta:**

NOTAS

Nombre:

Dirección Web:

Usuario:

Contraseña:

Verificación en dos pasos (2FA): NO ☐ sí ☐ **Clave Secreta:**

NOTAS

Nombre:

Dirección Web:

Usuario:

Contraseña:

Verificación en dos pasos (2FA): NO ☐ sí ☐ **Clave Secreta:**

NOTAS

Nombre:

Dirección Web:

Usuario:

Contraseña:

Verificación en dos pasos (2FA): NO ☐ sí ☐ **Clave Secreta:**

NOTAS

Nombre:

Dirección Web:

Usuario:

Contraseña:

Verificación en dos pasos (2FA): NO ☐ SÍ ☐ **Clave Secreta:**

NOTAS

Nombre:

Dirección Web:

Usuario:

Contraseña:

Verificación en dos pasos (2FA): NO ☐ SÍ ☐ **Clave Secreta:**

NOTAS

Nombre:

Dirección Web:

Usuario:

Contraseña:

Verificación en dos pasos (2FA): NO ☐ SÍ ☐ **Clave Secreta:**

NOTAS

Nombre:

Dirección Web:

Usuario:

Contraseña:

Verificación en dos pasos (2FA): NO ☐ SÍ ☐ **Clave Secreta:**

  NOTAS

Nombre:

Dirección Web:

Usuario:

Contraseña:

Verificación en dos pasos (2FA): NO ☐ SÍ ☐ **Clave Secreta:**

  NOTAS

Nombre:

Dirección Web:

Usuario:

Contraseña:

Verificación en dos pasos (2FA): NO ☐ SÍ ☐ **Clave Secreta:**

  NOTAS

Nombre:

Dirección Web:

Usuario:

Contraseña:

Verificación en dos pasos (2FA): NO ☐ SÍ ☐ **Clave Secreta:**

NOTAS

Nombre:

Dirección Web:

Usuario:

Contraseña:

Verificación en dos pasos (2FA): NO ☐ SÍ ☐ **Clave Secreta:**

NOTAS

Nombre:

Dirección Web:

Usuario:

Contraseña:

Verificación en dos pasos (2FA): NO ☐ SÍ ☐ **Clave Secreta:**

NOTAS

Nombre:

Dirección Web:

Usuario:

Contraseña:

Verificación en dos pasos (2FA): NO ☐ sí ☐ **Clave Secreta:**

NOTAS

Nombre:

Dirección Web:

Usuario:

Contraseña:

Verificación en dos pasos (2FA): NO ☐ sí ☐ **Clave Secreta:**

NOTAS

Nombre:

Dirección Web:

Usuario:

Contraseña:

Verificación en dos pasos (2FA): NO ☐ sí ☐ **Clave Secreta:**

NOTAS

Nombre:

Dirección Web:

Usuario:

Contraseña:

Verificación en dos pasos (2FA): NO ☐ sí ☐ **Clave Secreta:**

　NOTAS

Nombre:

Dirección Web:

Usuario:

Contraseña:

Verificación en dos pasos (2FA): NO ☐ sí ☐ **Clave Secreta:**

　NOTAS

Nombre:

Dirección Web:

Usuario:

Contraseña:

Verificación en dos pasos (2FA): NO ☐ sí ☐ **Clave Secreta:**

　NOTAS

Nombre:

Dirección Web:

Usuario:

Contraseña:

Verificación en dos pasos (2FA): NO ☐ SÍ ☐ **Clave Secreta:**

 NOTAS

Nombre:

Dirección Web:

Usuario:

Contraseña:

Verificación en dos pasos (2FA): NO ☐ SÍ ☐ **Clave Secreta:**

 NOTAS

Nombre:

Dirección Web:

Usuario:

Contraseña:

Verificación en dos pasos (2FA): NO ☐ SÍ ☐ **Clave Secreta:**

 NOTAS

Nombre:

Dirección Web:

Usuario:

Contraseña:

Verificación en dos pasos (2FA): NO ☐ SÍ ☐ **Clave Secreta:**

NOTAS

Nombre:

Dirección Web:

Usuario:

Contraseña:

Verificación en dos pasos (2FA): NO ☐ SÍ ☐ **Clave Secreta:**

NOTAS

Nombre:

Dirección Web:

Usuario:

Contraseña:

Verificación en dos pasos (2FA): NO ☐ SÍ ☐ **Clave Secreta:**

NOTAS

Nombre:

Dirección Web:

Usuario:

Contraseña:

Verificación en dos pasos (2FA): NO ☐ SÍ ☐ **Clave Secreta:**

NOTAS

Nombre:

Dirección Web:

Usuario:

Contraseña:

Verificación en dos pasos (2FA): NO ☐ SÍ ☐ **Clave Secreta:**

NOTAS

Nombre:

Dirección Web:

Usuario:

Contraseña:

Verificación en dos pasos (2FA): NO ☐ SÍ ☐ **Clave Secreta:**

NOTAS

Nombre:

Dirección Web:

Usuario:

Contraseña:

Verificación en dos pasos (2FA): NO ☐ sí ☐ **Clave Secreta:**

 NOTAS

Nombre:

Dirección Web:

Usuario:

Contraseña:

Verificación en dos pasos (2FA): NO ☐ sí ☐ **Clave Secreta:**

 NOTAS

Nombre:

Dirección Web:

Usuario:

Contraseña:

Verificación en dos pasos (2FA): NO ☐ sí ☐ **Clave Secreta:**

 NOTAS

Nombre:

Dirección Web:

Usuario:

Contraseña:

Verificación en dos pasos (2FA): NO ☐ Sí ☐ **Clave Secreta:**

NOTAS

Nombre:

Dirección Web:

Usuario:

Contraseña:

Verificación en dos pasos (2FA): NO ☐ Sí ☐ **Clave Secreta:**

NOTAS

Nombre:

Dirección Web:

Usuario:

Contraseña:

Verificación en dos pasos (2FA): NO ☐ Sí ☐ **Clave Secreta:**

NOTAS

Nombre:

Dirección Web:

Usuario:

Contraseña:

Verificación en dos pasos (2FA): NO ☐ SÍ ☐ **Clave Secreta:**

NOTAS

Nombre:

Dirección Web:

Usuario:

Contraseña:

Verificación en dos pasos (2FA): NO ☐ SÍ ☐ **Clave Secreta:**

NOTAS

Nombre:

Dirección Web:

Usuario:

Contraseña:

Verificación en dos pasos (2FA): NO ☐ SÍ ☐ **Clave Secreta:**

NOTAS

Nombre:

Dirección Web:

Usuario:

Contraseña:

Verificación en dos pasos (2FA): NO ☐ sí ☐ **Clave Secreta:**

NOTAS

Nombre:

Dirección Web:

Usuario:

Contraseña:

Verificación en dos pasos (2FA): NO ☐ sí ☐ **Clave Secreta:**

NOTAS

Nombre:

Dirección Web:

Usuario:

Contraseña:

Verificación en dos pasos (2FA): NO ☐ sí ☐ **Clave Secreta:**

NOTAS

Nombre:

Dirección Web:

Usuario:

Contraseña:

Verificación en dos pasos (2FA): NO ☐ SÍ ☐ **Clave Secreta:**

NOTAS

Nombre:

Dirección Web:

Usuario:

Contraseña:

Verificación en dos pasos (2FA): NO ☐ SÍ ☐ **Clave Secreta:**

NOTAS

Nombre:

Dirección Web:

Usuario:

Contraseña:

Verificación en dos pasos (2FA): NO ☐ SÍ ☐ **Clave Secreta:**

NOTAS

Nombre:

Dirección Web:

Usuario:

Contraseña:

Verificación en dos pasos (2FA): NO ☐ SÍ ☐ Clave Secreta:

NOTAS

Nombre:

Dirección Web:

Usuario:

Contraseña:

Verificación en dos pasos (2FA): NO ☐ SÍ ☐ Clave Secreta:

NOTAS

Nombre:

Dirección Web:

Usuario:

Contraseña:

Verificación en dos pasos (2FA): NO ☐ SÍ ☐ Clave Secreta:

NOTAS

Nombre:

Dirección Web:

Usuario:

Contraseña:

Verificación en dos pasos (2FA): NO ☐ sí ☐ **Clave Secreta:**

NOTAS

Nombre:

Dirección Web:

Usuario:

Contraseña:

Verificación en dos pasos (2FA): NO ☐ sí ☐ **Clave Secreta:**

NOTAS

Nombre:

Dirección Web:

Usuario:

Contraseña:

Verificación en dos pasos (2FA): NO ☐ sí ☐ **Clave Secreta:**

NOTAS

Nombre:

Dirección Web:

Usuario:

Contraseña:

Verificación en dos pasos (2FA): NO ☐ SÍ ☐ **Clave Secreta:**

NOTAS

Nombre:

Dirección Web:

Usuario:

Contraseña:

Verificación en dos pasos (2FA): NO ☐ SÍ ☐ **Clave Secreta:**

NOTAS

Nombre:

Dirección Web:

Usuario:

Contraseña:

Verificación en dos pasos (2FA): NO ☐ SÍ ☐ **Clave Secreta:**

NOTAS

Nombre:

Dirección Web:

Usuario:

Contraseña:

Verificación en dos pasos (2FA): NO ☐ SÍ ☐ **Clave Secreta:**

NOTAS

Nombre:

Dirección Web:

Usuario:

Contraseña:

Verificación en dos pasos (2FA): NO ☐ SÍ ☐ **Clave Secreta:**

NOTAS

Nombre:

Dirección Web:

Usuario:

Contraseña:

Verificación en dos pasos (2FA): NO ☐ SÍ ☐ **Clave Secreta:**

NOTAS

Nombre:

Dirección Web:

Usuario:

Contraseña:

Verificación en dos pasos (2FA): NO ☐ SÍ ☐ **Clave Secreta:**

NOTAS

Nombre:

Dirección Web:

Usuario:

Contraseña:

Verificación en dos pasos (2FA): NO ☐ SÍ ☐ **Clave Secreta:**

NOTAS

Nombre:

Dirección Web:

Usuario:

Contraseña:

Verificación en dos pasos (2FA): NO ☐ SÍ ☐ **Clave Secreta:**

NOTAS

Nombre:

Dirección Web:

Usuario:

Contraseña:

Verificación en dos pasos (2FA): NO ☐ SÍ ☐ **Clave Secreta:**

NOTAS

Nombre:

Dirección Web:

Usuario:

Contraseña:

Verificación en dos pasos (2FA): NO ☐ SÍ ☐ **Clave Secreta:**

NOTAS

Nombre:

Dirección Web:

Usuario:

Contraseña:

Verificación en dos pasos (2FA): NO ☐ SÍ ☐ **Clave Secreta:**

NOTAS

Nombre:

Dirección Web:

Usuario:

Contraseña:

Verificación en dos pasos (2FA): NO ☐ SÍ ☐ **Clave Secreta:**

  NOTAS

Nombre:

Dirección Web:

Usuario:

Contraseña:

Verificación en dos pasos (2FA): NO ☐ SÍ ☐ **Clave Secreta:**

  NOTAS

Nombre:

Dirección Web:

Usuario:

Contraseña:

Verificación en dos pasos (2FA): NO ☐ SÍ ☐ **Clave Secreta:**

  NOTAS

Nombre:

Dirección Web:

Usuario:

Contraseña:

Verificación en dos pasos (2FA): NO ☐ SÍ ☐ **Clave Secreta:**

NOTAS

Nombre:

Dirección Web:

Usuario:

Contraseña:

Verificación en dos pasos (2FA): NO ☐ SÍ ☐ **Clave Secreta:**

NOTAS

Nombre:

Dirección Web:

Usuario:

Contraseña:

Verificación en dos pasos (2FA): NO ☐ SÍ ☐ **Clave Secreta:**

NOTAS

Nombre:

Dirección Web:

Usuario:

Contraseña:

Verificación en dos pasos (2FA): No ☐ sí ☐ **Clave Secreta:**

NOTAS

Nombre:

Dirección Web:

Usuario:

Contraseña:

Verificación en dos pasos (2FA): No ☐ sí ☐ **Clave Secreta:**

NOTAS

Nombre:

Dirección Web:

Usuario:

Contraseña:

Verificación en dos pasos (2FA): No ☐ sí ☐ **Clave Secreta:**

NOTAS

CONTRASEÑAS
M-Z

Nombre:

Dirección Web:

Usuario:

Contraseña:

Verificación en dos pasos (2FA): NO ☐ SÍ ☐ **Clave Secreta:**

NOTAS

Nombre:

Dirección Web:

Usuario:

Contraseña:

Verificación en dos pasos (2FA): NO ☐ SÍ ☐ **Clave Secreta:**

NOTAS

Nombre:

Dirección Web:

Usuario:

Contraseña:

Verificación en dos pasos (2FA): NO ☐ SÍ ☐ **Clave Secreta:**

NOTAS

Nombre:

Dirección Web:

Usuario:

Contraseña:

Verificación en dos pasos (2FA): no ☐ sí ☐ **Clave Secreta:**

NOTAS

Nombre:

Dirección Web:

Usuario:

Contraseña:

Verificación en dos pasos (2FA): no ☐ sí ☐ **Clave Secreta:**

NOTAS

Nombre:

Dirección Web:

Usuario:

Contraseña:

Verificación en dos pasos (2FA): no ☐ sí ☐ **Clave Secreta:**

NOTAS

Nombre:

Dirección Web:

Usuario:

Contraseña:

Verificación en dos pasos (2FA): NO ☐ Sí ☐ **Clave Secreta:**

   NOTAS

Nombre:

Dirección Web:

Usuario:

Contraseña:

Verificación en dos pasos (2FA): NO ☐ Sí ☐ **Clave Secreta:**

   NOTAS

Nombre:

Dirección Web:

Usuario:

Contraseña:

Verificación en dos pasos (2FA): NO ☐ Sí ☐ **Clave Secreta:**

   NOTAS

Nombre:

Dirección Web:

Usuario:

Contraseña:

Verificación en dos pasos (2FA): NO ☐ SÍ ☐ **Clave Secreta:**

 NOTAS

Nombre:

Dirección Web:

Usuario:

Contraseña:

Verificación en dos pasos (2FA): NO ☐ SÍ ☐ **Clave Secreta:**

 NOTAS

Nombre:

Dirección Web:

Usuario:

Contraseña:

Verificación en dos pasos (2FA): NO ☐ SÍ ☐ **Clave Secreta:**

 NOTAS

Nombre:

Dirección Web:

Usuario:

Contraseña:

Verificación en dos pasos (2FA): NO ☐ Sí ☐ **Clave Secreta:**

 NOTAS

Nombre:

Dirección Web:

Usuario:

Contraseña:

Verificación en dos pasos (2FA): NO ☐ Sí ☐ **Clave Secreta:**

 NOTAS

Nombre:

Dirección Web:

Usuario:

Contraseña:

Verificación en dos pasos (2FA): NO ☐ Sí ☐ **Clave Secreta:**

 NOTAS

Nombre:

Dirección Web:

Usuario:

Contraseña:

Verificación en dos pasos (2FA): NO ☐ sí ☐ **Clave Secreta:**

NOTAS

Nombre:

Dirección Web:

Usuario:

Contraseña:

Verificación en dos pasos (2FA): NO ☐ sí ☐ **Clave Secreta:**

NOTAS

Nombre:

Dirección Web:

Usuario:

Contraseña:

Verificación en dos pasos (2FA): NO ☐ sí ☐ **Clave Secreta:**

NOTAS

Nombre:

Dirección Web:

Usuario:

Contraseña:

Verificación en dos pasos (2FA): NO ☐ SÍ ☐ **Clave Secreta:**

NOTAS

Nombre:

Dirección Web:

Usuario:

Contraseña:

Verificación en dos pasos (2FA): NO ☐ SÍ ☐ **Clave Secreta:**

NOTAS

Nombre:

Dirección Web:

Usuario:

Contraseña:

Verificación en dos pasos (2FA): NO ☐ SÍ ☐ **Clave Secreta:**

NOTAS

Nombre:

Dirección Web:

Usuario:

Contraseña:

Verificación en dos pasos (2FA): NO ☐ SÍ ☐ **Clave Secreta:**

NOTAS

Nombre:

Dirección Web:

Usuario:

Contraseña:

Verificación en dos pasos (2FA): NO ☐ SÍ ☐ **Clave Secreta:**

NOTAS

Nombre:

Dirección Web:

Usuario:

Contraseña:

Verificación en dos pasos (2FA): NO ☐ SÍ ☐ **Clave Secreta:**

NOTAS

Nombre:

Dirección Web:

Usuario:

Contraseña:

Verificación en dos pasos (2FA): NO ☐ SÍ ☐ **Clave Secreta:**

NOTAS

Nombre:

Dirección Web:

Usuario:

Contraseña:

Verificación en dos pasos (2FA): NO ☐ SÍ ☐ **Clave Secreta:**

NOTAS

Nombre:

Dirección Web:

Usuario:

Contraseña:

Verificación en dos pasos (2FA): NO ☐ SÍ ☐ **Clave Secreta:**

NOTAS

Nombre:

Dirección Web:

Usuario:

Contraseña:

Verificación en dos pasos (2FA): NO ☐ SÍ ☐ **Clave Secreta:**

NOTAS

Nombre:

Dirección Web:

Usuario:

Contraseña:

Verificación en dos pasos (2FA): NO ☐ SÍ ☐ **Clave Secreta:**

NOTAS

Nombre:

Dirección Web:

Usuario:

Contraseña:

Verificación en dos pasos (2FA): NO ☐ SÍ ☐ **Clave Secreta:**

NOTAS

Nombre:

Dirección Web:

Usuario:

Contraseña:

Verificación en dos pasos (2FA): NO ☐ SÍ ☐ **Clave Secreta:**

NOTAS

Nombre:

Dirección Web:

Usuario:

Contraseña:

Verificación en dos pasos (2FA): NO ☐ SÍ ☐ **Clave Secreta:**

NOTAS

Nombre:

Dirección Web:

Usuario:

Contraseña:

Verificación en dos pasos (2FA): NO ☐ SÍ ☐ **Clave Secreta:**

NOTAS

Nombre:

Dirección Web:

Usuario:

Contraseña:

Verificación en dos pasos (2FA): No ☐ sí ☐ **Clave Secreta:**

NOTAS

Nombre:

Dirección Web:

Usuario:

Contraseña:

Verificación en dos pasos (2FA): No ☐ sí ☐ **Clave Secreta:**

NOTAS

Nombre:

Dirección Web:

Usuario:

Contraseña:

Verificación en dos pasos (2FA): No ☐ sí ☐ **Clave Secreta:**

NOTAS

Nombre:

Dirección Web:

Usuario:

Contraseña:

Verificación en dos pasos (2FA): NO ☐ SÍ ☐ **Clave Secreta:**

NOTAS

Nombre:

Dirección Web:

Usuario:

Contraseña:

Verificación en dos pasos (2FA): NO ☐ SÍ ☐ **Clave Secreta:**

NOTAS

Nombre:

Dirección Web:

Usuario:

Contraseña:

Verificación en dos pasos (2FA): NO ☐ SÍ ☐ **Clave Secreta:**

NOTAS

Nombre:

Dirección Web:

Usuario:

Contraseña:

Verificación en dos pasos (2FA): NO ☐ sí ☐ **Clave Secreta:**

NOTAS

Nombre:

Dirección Web:

Usuario:

Contraseña:

Verificación en dos pasos (2FA): NO ☐ sí ☐ **Clave Secreta:**

NOTAS

Nombre:

Dirección Web:

Usuario:

Contraseña:

Verificación en dos pasos (2FA): NO ☐ sí ☐ **Clave Secreta:**

NOTAS

Nombre:

Dirección Web:

Usuario:

Contraseña:

Verificación en dos pasos (2FA): NO ☐ sí ☐ **Clave Secreta:**

 NOTAS

Nombre:

Dirección Web:

Usuario:

Contraseña:

Verificación en dos pasos (2FA): NO ☐ sí ☐ **Clave Secreta:**

 NOTAS

Nombre:

Dirección Web:

Usuario:

Contraseña:

Verificación en dos pasos (2FA): NO ☐ sí ☐ **Clave Secreta:**

 NOTAS

Nombre:

Dirección Web:

Usuario:

Contraseña:

Verificación en dos pasos (2FA): NO ☐ sí ☐ **Clave Secreta:**

NOTAS

Nombre:

Dirección Web:

Usuario:

Contraseña:

Verificación en dos pasos (2FA): NO ☐ sí ☐ **Clave Secreta:**

NOTAS

Nombre:

Dirección Web:

Usuario:

Contraseña:

Verificación en dos pasos (2FA): NO ☐ sí ☐ **Clave Secreta:**

NOTAS

Nombre:

Dirección Web:

Usuario:

Contraseña:

Verificación en dos pasos (2FA): NO ☐ sí ☐ **Clave Secreta:**

NOTAS

Nombre:

Dirección Web:

Usuario:

Contraseña:

Verificación en dos pasos (2FA): NO ☐ sí ☐ **Clave Secreta:**

NOTAS

Nombre:

Dirección Web:

Usuario:

Contraseña:

Verificación en dos pasos (2FA): NO ☐ sí ☐ **Clave Secreta:**

NOTAS

Nombre:

Dirección Web:

Usuario:

Contraseña:

Verificación en dos pasos (2FA): No ☐ Sí ☐ **Clave Secreta:**

NOTAS

Nombre:

Dirección Web:

Usuario:

Contraseña:

Verificación en dos pasos (2FA): No ☐ Sí ☐ **Clave Secreta:**

NOTAS

Nombre:

Dirección Web:

Usuario:

Contraseña:

Verificación en dos pasos (2FA): No ☐ Sí ☐ **Clave Secreta:**

NOTAS

Nombre:

Dirección Web:

Usuario:

Contraseña:

Verificación en dos pasos (2FA): NO ☐ SÍ ☐ **Clave Secreta:**

NOTAS

Nombre:

Dirección Web:

Usuario:

Contraseña:

Verificación en dos pasos (2FA): NO ☐ SÍ ☐ **Clave Secreta:**

NOTAS

Nombre:

Dirección Web:

Usuario:

Contraseña:

Verificación en dos pasos (2FA): NO ☐ SÍ ☐ **Clave Secreta:**

NOTAS

Nombre:

Dirección Web:

Usuario:

Contraseña:

Verificación en dos pasos (2FA): NO ☐ SÍ ☐ **Clave Secreta:**

NOTAS

Nombre:

Dirección Web:

Usuario:

Contraseña:

Verificación en dos pasos (2FA): NO ☐ SÍ ☐ **Clave Secreta:**

NOTAS

Nombre:

Dirección Web:

Usuario:

Contraseña:

Verificación en dos pasos (2FA): NO ☐ SÍ ☐ **Clave Secreta:**

NOTAS

Nombre:

Dirección Web:

Usuario:

Contraseña:

Verificación en dos pasos (2FA): NO ☐ SÍ ☐ **Clave Secreta:**

 NOTAS

Nombre:

Dirección Web:

Usuario:

Contraseña:

Verificación en dos pasos (2FA): NO ☐ SÍ ☐ **Clave Secreta:**

 NOTAS

Nombre:

Dirección Web:

Usuario:

Contraseña:

Verificación en dos pasos (2FA): NO ☐ SÍ ☐ **Clave Secreta:**

 NOTAS

Nombre:

Dirección Web:

Usuario:

Contraseña:

Verificación en dos pasos (2FA): NO ☐ sí ☐ **Clave Secreta:**

  NOTAS

Nombre:

Dirección Web:

Usuario:

Contraseña:

Verificación en dos pasos (2FA): NO ☐ sí ☐ **Clave Secreta:**

  NOTAS

Nombre:

Dirección Web:

Usuario:

Contraseña:

Verificación en dos pasos (2FA): NO ☐ sí ☐ **Clave Secreta:**

  NOTAS

Nombre:

Dirección Web:

Usuario:

Contraseña:

Verificación en dos pasos (2FA): NO ☐ SÍ ☐ **Clave Secreta:**

  NOTAS

Nombre:

Dirección Web:

Usuario:

Contraseña:

Verificación en dos pasos (2FA): NO ☐ SÍ ☐ **Clave Secreta:**

  NOTAS

Nombre:

Dirección Web:

Usuario:

Contraseña:

Verificación en dos pasos (2FA): NO ☐ SÍ ☐ **Clave Secreta:**

  NOTAS

Nombre:

Dirección Web:

Usuario:

Contraseña:

Verificación en dos pasos (2FA): NO ☐ SÍ ☐ **Clave Secreta:**

NOTAS

Nombre:

Dirección Web:

Usuario:

Contraseña:

Verificación en dos pasos (2FA): NO ☐ SÍ ☐ **Clave Secreta:**

NOTAS

Nombre:

Dirección Web:

Usuario:

Contraseña:

Verificación en dos pasos (2FA): NO ☐ SÍ ☐ **Clave Secreta:**

NOTAS

WALLETS

Nombre:

Dirección del sitio web:

Login/Usuario:

Contraseña:

Dirección de Wallet o Clave pública: *

Clave de seguridad o Clave privada:

Semilla o Seed:

Verificación en dos pasos (2FA): NO ☐ SÍ ☐ **Clave Secreta:**

NOTAS

* (26-35 dígitos)

Nombre:

Dirección del sitio web:

Login/Usuario:

Contraseña:

Dirección de Wallet o Clave pública:*

Clave de seguridad o Clave privada:

Semilla o Seed:

Verificación en dos pasos (2FA): NO ☐ SÍ ☐ **Clave Secreta:**

NOTAS

* (26-35 dígitos)

Nombre:

Dirección del sitio web:

Login/Usuario:

Contraseña:

Dirección de Wallet o Clave pública:[*]

Clave de seguridad o Clave privada:

Semilla o Seed:

Verificación en dos pasos (2FA): NO ☐ SÍ ☐ **Clave Secreta:**

NOTAS

[*] (26-35 dígitos)

Nombre:

Dirección del sitio web:

Login/Usuario:

Contraseña:

Dirección de Wallet o Clave pública:*

Clave de seguridad o Clave privada:

Semilla o Seed:

Verificación en dos pasos (2FA): NO ☐ SÍ ☐ **Clave Secreta:**

NOTAS

* (26-35 dígitos)

Nombre:

Dirección del sitio web:

Login/Usuario:

Contraseña:

Dirección de Wallet o Clave pública:*

Clave de seguridad o Clave privada:

Semilla o Seed:

Verificación en dos pasos (2FA): NO ☐ SÍ ☐ **Clave Secreta:**

NOTAS

* (26-35 dígitos)

Nombre:

Dirección del sitio web:

Login/Usuario:

Contraseña:

Dirección de Wallet o Clave pública: *

Clave de seguridad o Clave privada:

Semilla o Seed:

Verificación en dos pasos (2FA): NO ☐ SÍ ☐ **Clave Secreta:**

NOTAS

* (26-35 dígitos)

Nombre:

Dirección del sitio web:

Login/Usuario:

Contraseña:

Dirección de Wallet o Clave pública:[*]

Clave de seguridad o Clave privada:

Semilla o Seed:

Verificación en dos pasos (2FA): NO ☐ SÍ ☐ **Clave Secreta:**

NOTAS

* (26-35 dígitos)

Nombre:

Dirección del sitio web:

Login/Usuario:

Contraseña:

Dirección de Wallet o Clave pública:[*]

Clave de seguridad o Clave privada:

Semilla o Seed:

Verificación en dos pasos (2FA): NO ☐ SÍ ☐ **Clave Secreta:**

NOTAS

* (26-35 dígitos)

Nombre:

Dirección del sitio web:

Login/Usuario:

Contraseña:

Dirección de Wallet o Clave pública: *

Clave de seguridad o Clave privada:

Semilla o Seed:

Verificación en dos pasos (2FA): NO ☐ SÍ ☐ **Clave Secreta:**

NOTAS

_____

_____

_____

_____

_____

_____

* (26-35 dígitos)

Nombre:

Dirección del sitio web:

Login/Usuario:

Contraseña:

Dirección de Wallet o Clave pública: *

Clave de seguridad o Clave privada:

Semilla o Seed:

Verificación en dos pasos (2FA): NO ☐ SÍ ☐ **Clave Secreta:**

NOTAS

* (26-35 dígitos)

Nombre:

Dirección del sitio web:

Login/Usuario:

Contraseña:

Dirección de Wallet o Clave pública:[*]

Clave de seguridad o Clave privada:

Semilla o Seed:

Verificación en dos pasos (2FA): NO ☐ SÍ ☐ **Clave Secreta:**

NOTAS

* (26-35 dígitos)

Nombre:

Dirección del sitio web:

Login/Usuario:

Contraseña:

Dirección de Wallet o Clave pública: *

Clave de seguridad o Clave privada:

Semilla o Seed:

Verificación en dos pasos (2FA): NO ☐ sí ☐ **Clave Secreta:**

NOTAS

* (26-35 dígitos)

Notas